LIDERAZGO
y GOBIERNOS

JA PÉREZ

Liderazgo y Gobiernos

© 2016 JA Pérez
Todos los derechos reservados en toda imagen y letra. Copyright © 2016 por JA Pérez.

Nota de derechos
Todos los derechos reservados. Ninguna parte de este libro puede ser reproducida o transmitida en forma alguna ya sea por medios electrónicos, mecánicos, fotocopiados, grabados o en ninguna otra forma sin el expreso consentimiento escrito de la publicadora.

Nota sobre riesgos
La información contenida en este libro es distribuida "como está" y sin garantías. Ni el autor ni Keen Sight Books se hacen responsables en cuanto a daños causados por interpretaciones individuales privadas del contenido aquí expuesto.

Marcas Registradas

Liderazgo y Gobiernos es un título propiedad de JA Pérez. Publicado y distribuido por Keen Sight Books. Todas las otras marcas mencionadas son propiedad de sus respectivos dueños.

Excepto donde se indique, todos los textos bíblicos han sido extraidos de la versión Reina-Valera 1960. © 1960 Sociedades Bíblicas en América Latina; © renovado 1988 Sociedades Bíblicas Unidas. Reina-Valera 1960™ es una marca registrada de la American Bible Society.

Nota gramatical: El autor ha usado mayúsculas en el uso de "Él" (en la primera letra) cuando éstos son usados en referencia a Dios.

Keen Sight Books

Puede encontrarnos en la red en: www.KeenSightBooks.com
Reportar errores de imprenta a errata@keensightbooks.com

ISBN: 978-1-947193-04-8

Printed in the U.S.A.

*este manual es dedicado a todos los
líderes que laboran con nosotros
en nuestra querida América*

Contenido

1 Liderazgo y gobiernos 9
2 Principios de gobierno 11
3 Buenos gobernantes 17
4 Gobiernos en dones de ministerio 20
Plan de trabajo 29
Trabajo de JA Pérez con líderes de Latinoamérica 34
Otros libros por JA Pérez 37

Esta literatura

Esta serie intenta comunicar al alumnado, doce columnas básicas elementales, necesarias para establecer los fundamentos sólidos sobre los cuales reposa el liderazgo sano.

No son éstos los únicos principios o conceptos que regulan la formación de un líder, sin embargo, estas doce áreas cubiertas en el libro, establecerán una buena base sobre la cual edificar.

Misión de la *Escuela de Liderazgo Internacional*

Levantar, equipar y enviar líderes de estatura, probados y consagrados, con visión global —listos para sentarse a la mesa con aquellos que moldean culturas, influyen decisiones y diseñan las ideas que dirigen el curso de vida en sus respectivos países.

¿Cómo lo hacemos?

A éstos procuramos proporcionar principios culturalmente sensitivos en un contexto internacional y ésto en sesiones exclusivas —todo en un marco de tiempo que líderes realmente ocupados pueden manejar.

Impacto a largo plazo

Líderes se han de formar con una mentalidad de impacto a largo plazo. Asegurando que la experiencia adquirida por los mismos se transmita de manera exponencial, a medida que se comprometen a influir a otros líderes y comunidades.

1

Liderazgo y gobiernos

> *Mas Jesús, llamándolos, les dijo: Sabéis que los que son tenidos por gobernantes de las naciones se enseñorean de ellas, y sus grandes ejercen sobre ellas potestad. Pero no será así entre vosotros, sino que el que quiera hacerse grande entre vosotros será vuestro servidor... Marcos 10:42-43*

Dios nos ha dado poder para ejercer autoridad y gobierno en los diferentes aspectos de la vida *"en nosotros"* y *"alrededor nuestro"*.

El poder que nuestro Padre nos ha dado nos ayuda para reinar en vida, y aún influenciar las decisiones más importantes que toman aquellos que diseñan nuestras culturas y moldean el curso de vida en las naciones.

A continuación, compartiré un número de principios que ordenan y regulan la manera en que ejercemos gobierno en nuestra vida personal y en la arena de liderazgo.

2

Principios de gobierno
Mayor es el que sirve

Ministerio = Servicio

Antes de entrar en esta sección le invito a leer 2 Reyes 5:1-14

Veamos la historia de Naamán y Eliseo.

Naamán, general del ejército del rey de Siria, era varón grande delante de su señor, y lo tenía en alta estima, porque por medio de él había dado Jehová salvación a Siria. Era este hombre valeroso en extremo, pero leproso. 2 reyes 5:1

En política — ¿De parte de quien está Dios?

Tengo un escrito, que ahora forma parte de otro libro titulado: *"Cuando Dios se pone de parte de tus enemigos"* que le recomiendo leer detenidamente cuando tenga tiempo.

Es interesante ver que cuando Judas viene a entregar a Jesús, el Señor dice: *"Aquí viene mi amigo"*. ¿Será que a veces quien te causa dolor es tu amigo?

Por encima de la política

Josefus dice que Eliseo tenía una carpa en el campamento de guerra de Israel. Era el consejero militar.

Eliseo era padre de dos naciones. La historia nos enseña que Eliseo era respetado por los sirios de la misma manera que era respetado por los que estaban en Samaria. Ambas naciones le llamaban *"padre"*.

El ministerio del profeta estaba por encima del ministerio de estos dos reyes. El ministerio de Dios está por encima de la política.

Por eso, es peligroso ver las cosas desde la perspectiva de un partido político.

Debemos ver las cosas desde la perspectiva de arriba.

Como en un juego de Ajedrez. A veces los dos jugadores están tan concentrados en el juego que escapan de ver jugadas claves. En muchas ocasiones una persona que está parada observando el juego puede ver esas jugadas, pues lo observa desde otra perspectiva.

Protocolo — Rey habla con Rey

El versículo 5 dice: *"Y le dijo el rey de Siria: Anda, ve, y yo enviaré cartas al rey de Israel"*.

Es muy interesante ver la falta de respeto cuando un ministro trata de hablar algún asunto importante con otro ministro, y este lo pasa con su asistente, o manda un representante como si él estuviera por encima. No solo indica esto aires de superioridad, también es una acción que daña la comunicación.

- Un principio de diplomacia en gobiernos, es que tratos y acuerdos se llevan a cabo entre personas del mismo rango.
- Generales tratan con generales, reyes con reyes, siervos con siervos.

Esto muestra humildad y respeto a la vez.

La política tiene limitaciones

Versículo 8: *Venga ahora a mí, y sabrá que hay profeta en Israel.*

El Rey no puede sanar (vs. 7) pero el profeta sí.

No pongas tu confianza en los gobernantes de la tierra. Sus poderes son limitados.

Tu palabra "como líder" trae cambios

Versículo 14: *El entonces descendió, y se zambulló siete veces en el Jordán, conforme a la palabra del varón de Dios; y su carne se volvió como la carne de un niño, y quedó limpio.*

> *Porque no hará nada Jehová el Señor, sin que revele su secreto a sus siervos los profetas. Amos 3:7*

El futuro de esta nación está en tu boca.

Habla al general, habla al alcalde, habla al senador.

Como siervos del altísimo viviendo en un país donde se concentran los poderes mundiales, deberíamos tener una agenda estratégica para alcanzar a senadores, congresistas, y funcionarios públicos con la palabra, oración, y apoyo espiritual.

Ésto sin ser tentados a buscar puestos políticos dejando el ministerio de la predicación, lo cual es un oficio más noble y más importante.

Sólo buenos líderes (no necesariamente políticos) te pueden preparar para tu guerra

> *Cuando los hombres de Israel vieron que estaban en estrecho (porque el pueblo estaba en aprieto), se escondieron en cuevas, en fosos, en peñascos, en rocas y en cisternas. Y algunos de los hebreos pasaron el Jordán a la tierra de Gad y de Galaad; pero Saúl permanecía aún en Gilgal, y todo el pueblo iba tras él temblando. Y él esperó siete días, conforme al plazo que Samuel había dicho; pero Samuel no venía a Gilgal, y el pueblo se le desertaba. Entonces dijo Saúl: Traedme holocausto y ofrendas de paz. Y ofreció el holocausto. Y cuando él*

acababa de ofrecer el holocausto, he aquí Samuel que venía; y Saúl salió a recibirle, para saludarle. Entonces Samuel dijo: ¿Qué has hecho? Y Saúl respondió: Porque vi que el pueblo se me desertaba, y que tú no venías dentro del plazo señalado, y que los filisteos estaban reunidos en Micmas, me dije: Ahora descenderán los filisteos contra mí a Gilgal, y yo no he implorado el favor de Jehová. Me esforcé, pues, y ofrecí holocausto.

Entonces Samuel dijo a Saúl: Locamente has hecho; no guardaste el mandamiento de Jehová tu Dios que él te había ordenado; pues ahora Jehová hubiera confirmado tu reino sobre Israel para siempre.

Mas ahora tu reino no será duradero. Jehová se ha buscado un varón conforme a su corazón, al cual Jehová ha designado para que sea príncipe sobre su pueblo, por cuanto tú no has guardado lo que Jehová te mandó. 1 Samuel 13: 6-14

El descontrol que existe en esta nación es porque los gobernantes no están esperando a hombres y mujeres de Dios para que estos vengan y bendigan a los valientes.

Cuando no hay profeta hablando en la nación, los valientes corren a sus cuevas a esconderse... entra temor en la nación.

La única manera de romper el espíritu de miedo sobre una

nación es que los profetas (ministros) comiencen a hablar y ministrar sobre la nación.

En cuanto a tu guerra personal... (y todos peleamos algún tipo de guerra). No puedes pelearla (ofrecer tu holocausto) solo. Necesitas que el siervo o la sierva de Dios vengan y ministren a tu vida.

Por eso necesitamos la palabra oída.

Algunos dicen: *"Yo puedo leer y estudiar la Biblia por mi mismo, no necesito ir a la iglesia".*

Nó. Tu necesitas que alguien ministre y te entregue la palabra hablada.

La razón por la cual muchas iglesias no crecen es porque no hay evangelistas anunciando la palabra.

> *¿Cómo, pues, invocarán a aquel en el cual no han creído? ¿Y cómo creerán en aquel de quien no han oído? ¿Y cómo oirán sin haber quien les predique? Romanos 10:14*

3

Buenos gobernantes
Cuando el pueblo gime, es porque hay malos gobernantes

La crisis más triste de todas las crisis

> *Vi siervos a caballo, y príncipes que andaban como siervos sobre la tierra. Eclesiastés 10:7*

¿Cómo es que llega a gobernar el necio? (Ecl 10:6)

La corrupción hace que las personas incorrectas suban a posiciones de poder.

Ésto aplica a gobierno civil y al gobierno de la iglesia.

Cuando los llamados abandonan su posición, uno sin llamado toma su lugar.

> *Cuando los justos dominan, el pueblo se alegra; Mas cuando domina el impío, el*

pueblo gime. Proverbios 29:2

Toda elección está finalmente sujeta a la soberanía de Dios

Y esta verdad es paralela.

En el ámbito ministerial

Recuerdo a un amado hombre de Dios hace años el cual estaba pastoreando una hermosa iglesia. Este amado se enfermaba cuando había elecciones de pastor cada dos años.

- Campañas políticas dentro de una iglesia, lleva al peligro de que salga un político y no un ungido como Pastor.

- Un buen gobernante no es necesariamente un buen político.

En el ámbito civil

- Son los pueblos quienes eligen a malos gobernantes.

- Los pueblos se quejan de aquellos que ellos pusieron en el poder —colectivamente.

Usted preguntará: ¿Cuál entonces es el propósito de elecciones populares?

Ese nunca fue el plan.

La historia enseña que todas las democracias llevan a la pobreza.

Nuestra nación no fue fundada como una democracia, sino

como una república.

- En una república los sabios se reúnen para seleccionar a sus gobernantes.
- En una democracia, las masas eligen a quien más les da, y esto lleva a la miseria.

Por eso, necesitamos la mano de Dios para revertir el daño.

El Señor es soberano sobre todo gobierno

> *El convierte en nada a los poderosos, y a los que gobiernan la tierra hace como cosa vana. Isaías 40:23*
>
> *El muda los tiempos y las edades; quita reyes, y pone reyes; da la sabiduría a los sabios, y la ciencia a los entendidos. Daniel 2:21*
>
> *Como los repartimientos de las aguas, Así está el corazón del rey en la mano de Jehová; A todo lo que quiere lo inclina. Proverbios 21:1*

4

Gobiernos en dones de ministerio

Los ancianos que gobiernan bien, sean tenidos por dignos de doble honor, mayormente los que trabajan en predicar y enseñar. 1 Timoteo 5:17

Así, pues, téngannos los hombres por servidores de Cristo, y administradores de los misterios de Dios. 1 Corintios 4:1

Y a unos puso Dios en la iglesia, primeramente apóstoles, luego profetas, lo tercero maestros, luego los que hacen milagros, después los que sanan, los que ayudan, los que administran, los que tienen don de lenguas. 1 Corintios 12:28

Orden de gobiernos en la Iglesia

El Señor fue muy claro en *su palabra* acerca de la manera en que Él desea que esté dirigida y organizada Su iglesia terrenal.

1- Primeramente, Cristo es la cabeza de la iglesia y su suprema autoridad (Efesios 1:22, 4:15; Colosenses 1:18).

2- Segundo, la iglesia local debe ser autónoma, libre de cualquier autoridad o control externo, con derecho al autogobierno y libre de la interferencia de cualquier jerarquía de individuos u organizaciones (Tito 1:5).

> *Por esta causa te dejé en Creta, para que corrigieses lo deficiente, y establecieses ancianos en cada ciudad, así como yo te mandé... Tito 1:5*

Distinciones entre apóstol, administrador y ancianos

1- El gobierno del apóstol

Participantes en y antes del cierre del canon

> *...edificados sobre el fundamento de los apóstoles y profetas, siendo la principal piedra del ángulo Jesucristo mismo... Efesios 2:20*

> *...misterio que en otras generaciones no se dio a conocer a los hijos de los hombres, como ahora es revelado a sus santos apóstoles y profetas por el Espíritu... Efesios 3:5*

2- Enviados o misioneros

El término apóstol proviene del griego de la palabra que significa *enviado*. Pablo envió a Timoteo. Es un enviado, pero no establece doctrina, más bien repite y recuerda lo que Pablo le ha enseñado.

Por esto mismo os he enviado a Timoteo, que es mi hijo amado y fiel en el Señor, el cual os recordará mi proceder en Cristo, de la manera que enseño en todas partes y en todas las iglesias. 1 Corintios 4:17

En la nueva economía nuevotestamentaria, es necesario entender que el oficio del apóstol (enviado) ha tenido gran importancia en el establecimiento de gobiernos en lo que tiene que ver con las congregaciones especialmente tomando en cuenta el ministerio de Pablo.

Sin embargo es saludable notar dos cosas:

Jamás Pablo sometió a las iglesias gentiles bajo un gobierno unificado o centralizado bajo su autoriadad.

Aunque Pablo sugirió parámetros saludables, nunca lo hizo en una manera autoritaria. Especialmente en áreas relacionadas a finanzas donde dijo sea este un acto de *"generosidad y no como de exigencia"*.

Por tanto, tuve por necesario exhortar a los hermanos que fuesen primero a vosotros y preparasen primero vuestra generosidad

> *antes prometida, para que esté lista como de generosidad, y no como de exigencia nuestra. 2 Corintios 9:5*

Pablo a pesar de haber sido el fundador de muchas de estas iglesias, siempre respetó la autonomía de cada congregación.

Esto elimina el autodenominada autoridad de los muchos que se enseñorean de congregaciones y las someten aún con cuotas u obligaciones financieras lo cual se convierte en cargas pesadas impuestas con manipulación.

3- La crisis de la jerarquías

La atribución casual del título *apóstol* en latinoamérica ha causado graves problemas que han manchado a los oficios de ministerio.

> *Porque éstos son falsos apóstoles, obreros fraudulentos, que se disfrazan como apóstoles de Cristo. 2 Corintios 11:13*

Razones cuestionadas

- Envidias
- Contiendas
- Ganancias deshonestas
- Manipulación y sometimiento
- Poder y engrandecimiento

Veamos algúnos textos que señalan estos comportamientos

y nos advierten a que estemos alertas en cuanto a personajes que se puedan levantar con estas características.

Algunos, a la verdad, predican a Cristo por envidia y contienda; pero otros de buena voluntad. Filipenses 1:15

Porque es necesario que el obispo sea irreprensible, como administrador de Dios; no soberbio, no iracundo, no dado al vino, no pendenciero, no codicioso de ganancias deshonestas... Tito 1:7

Pues toleráis si alguno os esclaviza, si alguno os devora, si alguno toma lo vuestro, si alguno se enaltece, si alguno os da de bofetadas. 2 Corintios 11:20

Porque yo sé que después de mi partida entrarán en medio de vosotros lobos rapaces, que no perdonarán al rebaño. Hechos 20:29

y por avaricia harán mercadería de vosotros con palabras fingidas. Sobre los tales ya de largo tiempo la condenación no se tarda, y su perdición no se duerme. 2 Pedro 2:3

Las ventajas del gobierno de los ancianos

El Nuevo Testamento, menciona varias veces a ancianos que asumían el papel de liderazgo en la iglesia (Hechos 14:23;

15:2; 20:17; Tito 1:5; Santiago 5:14) y aparentemente cada iglesia tenía más de uno, porque generalmente la palabra se encuentra en plural.

Cuando el gobierno es repartido entre varios, también se reparten las responsabilidades, las pruebas, y las persecuciones.

Es mejor ser perseguido en grupo que ser perseguido solo.

Hay más protección cuando se trabaja en equipo que cuando toda la responsabilidad está sobre una sola persona.

El Dr. Zodhiates, en su "Diccionario Completo del Estudio de la Palabra: Nuevo Testamento" (The Complete Word Study Dictionary: New Testament) define a este grupo de ancianos como sigue: *"Los ancianos de las iglesias cristianas, presbíteros, a quienes estaba encomendada la dirección y gobierno de las iglesias individuales, igual que episkopos, supervisores, obispos (Hechos 11:30; 1 Timoteo 5:17)"*.

De esta manera, Zodhiates iguala a un "anciano" con un supervisor u obispo (como se traduce episkopos).

Importante: Sí. Debe haber una cabeza, un líder que establece la visión y rumbo de una organización, pero este o esta debe estar rodeado de sabios.

> *Donde no hay dirección sabia, caerá el pueblo; Mas en la multitud de consejeros hay seguridad. Proverbios 11:14*
>
> *Los pensamientos son frustrados donde no hay consejo; Mas en la multitud de*

consejeros se afirman. Proverbios 15:22

Porque con ingenio harás la guerra, Y en la multitud de consejeros está la victoria. Proverbios 24:6

Tres promesas de trabajar en equipo: Seguridad, firmeza y victoria.

Protegiendo al que gobierna

Naamán, general del ejército del rey de Siria, era varón grande delante de su señor, y lo tenía en alta estima, porque por medio de él había dado Jehová salvación a Siria. Era este hombre valeroso en extremo, pero leproso. Y de Siria habían salido bandas armadas, y habían llevado cautiva de la tierra de Israel a una muchacha, la cual servía a la mujer de Naamán. Esta dijo a su señora: Si rogase mi señor al profeta que está en Samaria, él lo sanaría de su lepra. 2 Reyes 5:1-3

Lecciones:

1. Los generales cargan a veces heridas debajo de la armadura (debilidades, cosas que no han sanado, imperfecciones).

2. Quién está cerca de ti, puede ver lo que está debajo de tu armadura.

3. Un buen ayudante busca sanidad para tu herida.

4. Un mal ayudante publicará tus defectos a otros.

Para proteger a quienes están en autoridad, debemos comenzar por ponerles buenos ayudantes.

Plan de Trabajo

Medite en lo leído y use los espacios debajo para completar su tarea.

Si usted ha usado la versión digital de este material y lo ha tomado como curso, puede someter las respuestas electrónicamente para calificación a la siguiente dirección:

eli@japerez.com

Incluya en su correspondencia:

    1- Título de este manual

    2- Su nombre y apellidos completos

Alternativamente lo puede enviar por correo tradicional a:

Escuela de Liderazgo Internacional

P.O. Box 211325

Chula Vista, CA 91921 U.S.A.

¿Qué significa la frase: *"Mayor es el que sirve"*?

¿Cuáles son las *limitaciones* que tiene la política?

¿Cómo es que llega a gobernar el necio?

¿Cuáles son los problemas causados por la atribución casual del título apóstol en latinoamérica?

¿Cuáles son las ventajas del gobierno de los ancianos?

Principios aprendidos en este manual:

Textos o frases a memorizar:

Ajustes que debo hacer a mi manera de pensar:

Otras notas:

Formando líderes con mente de reino

Con más de treinta y cinco años de ministerio, y una reconocida trayectoria internacional, que incluye estrechas relaciones con economistas, dignatarios y aquellos que moldean las culturas presentes en las naciones, el autor ha mostrado ser una autoridad en la materia de formar líderes.

Escritor, humanitario, moldeador de culturas y precursor de movimientos de cosecha en América Latina. Su mensaje atraviesa generaciones, culturas y naciones. Ha escrito varios libros y asiste a intelectuales, así como a iletrados, en la adquisición de destrezas esenciales y soluciones pragmáticas para comunicar esperanza con valentía en entornos complejos, y a veces hostiles.

Sus concentraciones masivas y misiones humanitarias han atraído grandes multitudes durante años guiando a miles a una relación personal con Jesucristo.

Él, su esposa y sus tres hijos, viven en un suburbio de San Diego en California, desde donde se coordinan todos los eventos de la asociación que lleva su nombre.

Trabajo de JA Pérez con líderes de Latinoamérica
Cuando una ciudad o provincia es impactada, con frecuencia gobernantes y líderes nacionales —senadores y congresistas— asisten al evento y reconocen el movimiento, pero los frutos mayores del proyecto completo son las miles de vidas que son transformadas por el poder del evangelio. Ese es el principal propósito de todo — comunicar las buenas noticias de Cristo.

Líderes con visión global

Los líderes que equipamos en las Américas, son quienes sostienen y dan seguimiento a movimientos de cosecha cada vez que concluye un proyecto a nivel ciudad. Ya equipados para comunicar el evangelio de una manera relevante y culturalmente sensitiva, estos corren con la comisión de hacer discípulos en cada generación y grupo étnico en todas las esquinas del continente.

Otros libros por JA Pérez

JA Pérez ha escrito más de 50 libros y manuales de entrenamiento. Todos sus libros están disponibles en Amazon.com así como en librerías y tiendas mundialmente. Libros con temas para la familia, empresa, liderazgo, economía, profecía bíblica, devocionales, inspiracionales, evangelismo y teología.

Serie Líderes

Esta serie está compuesta por doce manuales, con ejercicios y espacios para notas y tareas, de manera que el alumnado pueda recordar y poner en práctica cada uno de los principios aprendidos.

Los principios comprendidos en estos doce manuales también se encuentran en el libro *12 Fundamentos de Liderazgo* para ser usado en lectura regular.

Series Conferencias

Discipulado para Nuevos Creyentes y Estudios de Grupos

Liderazgo, Gobierno y Diplomacia

Inspiración y Creatividad en Liderazgo

Temas Varios

Crecimiento Espiritual, Principios de Vida y Relaciones — Recientes

Profecía Bíblica

Teología

Evangelismo y Colaboración

Devocionales

Ficción, Historietas

Crecimiento Espiritual, Principios de Vida y Relaciones — Clásicos

English

Evangelism and Collaboration

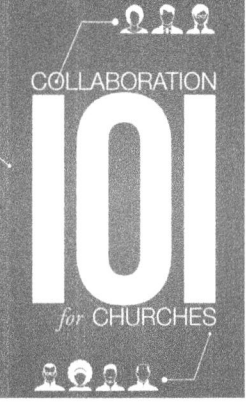

Contacte/siga al autor

Blog personal y redes sociales

japerez.com

@japereznow

facebook.com/japereznow

Asociación JA Pérez

japerez.org

Keen Sight Books

www.ingramcontent.com/pod-product-compliance
Lightning Source LLC
Chambersburg PA
CBHW070452050426
42450CB00012B/3242